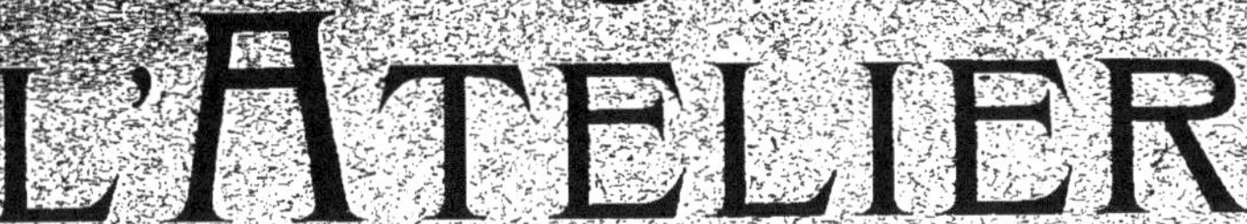

L'ATELIER

Association d'Artistes Peintres Sculpteurs, Architectes et Graveurs

Domiciliés à Bordeaux

COMITÉ :

Président	MM. Gaston LEROUX, sculpteur.
Vice-Présidents	Paul QUINSAC, peintre.
	E. LACOMBE, architecte.
Trésorier	TUSSAU, architecte.
Secrétaire général	Alfred DE LA ROCCA, peintre.
Secrétaire adjoint	HUBERT-GAUTIER, peintre.

Membres du Comité :

MM. CARME, FERRET, HILDEBRAND, MANCIET, MORA, VETTINER

Membres de l'Association :

MM. ADOUE, architecte; ANTIN, peintre et graveur; BLAIZA, sculpteur; BRUNET, peintre; Julien CALVÉ, peintre; Félix CARME, peintre; CARRÉ, peintre; CAZAUBON, peintre; DACOSTA, architecte; DARRICAU, peintre; Hermann DELPECH, peintre; Pierre FERRET, architecte; Hubert GAUTIER, peintre; Jean GEORGES, peintre; B. HILDEBRAND, peintre aquarelliste; E. LACOMBE, architecte; LACOSTE, architecte; Edward LACOSTE, peintre; LARÉE, peintre; Gaston LEROUX, sculpteur; MANCIET, peintre; MIALHE, architecte; MORA, sculpteur; PREVOT, architecte; Paul QUINSAC, peintre; Alfred DE LA ROCCA, peintre; TUSSAU, architecte; VETTINER, graveur et peintre; VEYRE, architecte.

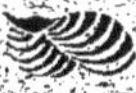

L'ATELIER

Présidents d'Honneur

MM.

DURÉAULT, préfet de Bordeaux.

DANEY, maire de Bordeaux.

MESTREZAT, adjoint aux Beaux-Arts.

DE LA VILLE DE MIRMONT, adjoint à l'Instruction publique.

LUTAUD, préfet du Rhône.

Comité d'Honneur de Bienfaiteurs

Constituant le capital social de l'Atelier

LISTE ARRÊTÉE LE 1er MAI 1908

MM.

ALAUZE, avoué.

ANDRIEU (Louis), propriétaire.

ARCHAMBEAUD, négociant.

ARNAUD, consul d'Haïti.

BARONNET, négociant.

BEDIOU, président de la Chambre des Notaires.

BERTHELOT, publiciste.

BERTIN, avocat, conseiller général.

BESSE (Gaston), directeur de la *Paternelle*.

BONNEFON (F.), propriétaire.

BORDES (Henri), armateur.

BOURCIER (Louis), entrepreneur.

MM.

BRAZIER, avocat.

CANCALON, entrepreneur de travaux publics.

CAYROU, propriétaire.

CHABANNEAU (W.), négociant.

CHARTROU, avocat.

CLAVERIE (A.), notaire.

CLERMONT (Paul), négociant.

DABAS (Louis), professeur au lycée.

DARTIGE, notaire.

DELOR (A.), président du Cercle philharmonique.

DESPAUX, directeur du journal *la France*.

MM.

FAYDIT, agent de change.

FRAENKEL, banquier.

GARRIC, banquier.

GAULNE (DE), président du Syndicat d'initiative de Bordeaux et du département.

GAUTIER-LAGARDÈRE, propriétaire.

GAYON, doyen de la Faculté des sciences.

GLOTIN (EDOUARD), négociant.

GOUNOUILHOU (HENRI), directeur de la *Gironde* et de la *Petite Gironde*.

GUESTIER (DANIEL), négociant.

GUESTIER (GEORGES), négociant.

GUIONEAUD, négociant.

HABASQUE, avocat.

HÉRON, propriétaire.

HIRIGOYEN, avoué.

HOLAGRAY (GABRIEL), négociant.

IMBERTI, tableaux, gravures.

JACMART, négociant.

JAY (ABEL), directeur de l'*Urbaine*.

JONNAU, entrepreneur de travaux publics.

LAGARDÈRE, entrepreneur.

LAINÉ, avocat.

LARRÉ, avoué.

LAWTON, vice-président des Amis des Arts.

LECLERC, entrepreneur.

LÉON (ANSELME), conseiller à la Cour.

LETANNEUR, banquier.

LOSTE, notaire.

LUTAUD, préfet du Rhône.

MM.

LUZE (CHARLES DE).

MAIGROT, directeur honoraire de la Société générale.

MAITRE, architecte.

MAROT, conseiller général.

MAUREL (ANDRÉ), négociant.

MAUREL (JEAN), trésorier des Amis des Arts.

MAUREL (LUCIEN), négociant.

MAUREL (DANIEL), négociant.

MAUVIGNEY, négociant.

MOULINIÉ, vice-président du Cercle philharmonique.

MOURE (Dr), professeur à la Faculté.

Le journal *le Nouvelliste* de Bordeaux.

PALAMINY (comte DE).

PANAJOU (F.), photographe.

PÉPIN, négociant.

PETIT (MATÉO), négociant.

PETIT (ANATOLE), négociant.

PEYRELONGUE, avoué.

PEYRELONGUE, notaire.

POISSANT, propriétaire.

PRELLER, négociant.

RENAUD, entrepreneur.

ROY DE CLOTTE, avocat.

SABRAZÈS, docteur en médecine, professeur à la Faculté.

SAIGNAT, avocat, professeur honoraire à la Faculté.

SALABERT, négociant.

SALADIN, courtier maritime.

SCHRÖDER, président des Amis des Arts.

SÉGOL, négociant.

SOULA (ULYSSE), banquier.

TANDONNET (JOSEPH), propriétaire.

MM.

TANDONNET (Daniel), proprié-
taire.
TASTET, courtier.
TESSANDIER (Emmanuel).
TÉTARD, négociant.
TOURNON (Mᵐᵉ).
TRINCAUD-LATOUR (Mᵐᵉ DE).

MM.

VALLETON, architecte honoraire du département.
VERGELY, docteur en méde-
cine.
VILLAR, docteur en médecine,
agrégé.
ZHENDRE-LAFOREST, entre-
preneur.

CATALOGUE

Des Travaux de Peinture, Sculpture,
Architecture et Gravure

EXPOSÉS

A la 3ᵉ Exposition organisée par l'ATELIER

EXTRAIT DES STATUTS

Art. 19. — Les ressources de l'Association, pour l'organisation de l'Exposition annuelle, comprennent : 1° une cotisation de **dix-huit francs** pour tous les membres ; 2° une cotisation de **douze francs** pour les exposants.

Section de Peinture

et Gravure.

ANTIN (Paul), *élève d'Auguin, Dupuy et Bouguereau.*

A Bordeaux, rue de Brach, 29.

1. — Étude.	900
2. — Étude.	400

1.

BRUNET (Emile), *élève de Gustave Moreau*

A Bordeaux, rue Lacour, 33

1. — Charité.		3oo
2. — Jour de paix.		5oo
3. — Le moulin.		5oo
4. — Compassion.		2oo
5. — Liseuse.		15o
6. — Tête de femme.		1oo
7. — Maison isolée.		2oo
8. — Maternité.		5oo
9. — Baigneuses.		15o
1o. — Le vallon.		15o
11. — Tête de vieille femme.		5o
12. — Etude sur la Côte d'Argent : soir sur la plage.	1oo
13. — Etude, Côte d'Argent : parqueuse.		1oo
14. — Femmes offrant des fleurs.		
15. — Soleil couchant.		5oo
16. — Les ermites.		1oo

CALVÉ (Julien).

A Bordeaux, rue d'Aviau, 1.

1. — Lever de lune (Médoc).
2. — Coup de vent (Gujan-Mestras).
3. — Après la pluie (Médoc).
4. — La lande du Monteil (Médoc).
5. — Gelée blanche, le matin (Médoc).
6. — Derniers rayons (Médoc).
7. — Le soir aux Tuillières (Médoc).
8. — Les ormes de Gagnon (Médoc)
9. — Crépuscule aux Tuillières (Médoc)

10. — Les chênes de Grand-Puy (Médoc).
11. — Orage (Médoc).
12. — A Argelès (Hautes-Pyrénées).
13. — Aux Tuillières (Médoc).
14. — Dans le marais de Pibran (Médoc).
15. — A Mangon ; soir (Médoc).
16. — Les foins ; à Pibran (Médoc).
17. — Dans le village d'Artigues (Médoc).

CARMÉ (Félix), *né à Bordeaux*.

A Bordeaux, rue du Temps-Passé, 32.

1. — Sur la console.
2. — La chocolatière d'argent.
3. — La soupière de Moustié.
4. — La clochette de porcelaine.
5. — Le vefre armorié.
6. — Le verre de Venise.
7. — Coquetterie.
8. — Le vase de Delphes.
9. — Fruits.
10. — Porcelaines précieuses.

CARRÉ (A.-J.-P.).

A Bordeaux, rue de l'Église-Saint-Seurin, 47.

1. — Étude.
2. — Portrait de mon fils ; dessin.
3. — Portrait de M. J. Lagrange ; dessin.
4. — Portrait de M. Gaston Leroux, sculpteur-statuaire,
   président de l'*Atelier*.

5. — Portrait de M. Paul Antin, artiste peintre, pré-
    sident de l'Association amicale des anciens
    élèves de l'École des beaux-arts de Bordeaux.
6. — Portrait de M. Despujols, secrétaire général de
    l'Association des anciens élèves de l'École
    des beaux-arts de Bordeaux.

CAZAUBON (Pierre-Louis).

A Bordeaux, rue Solférino, 27.
Atelier : rue Pagès, 40.

1. — Clair de lune; pastel.
2. — Morutiers sur la Garonne; huile.
3. — La gabare de foin.
4. — Sur les quais, le soir, à Bordeaux.
5. — La pluie.
6. — Environs de Bordeaux; paysage.
7. — Le ponton Dumeau.
8. — Étude sur la Garonne.
9. — Étude à Arcachon.
10. — Sur la Garonne, à Bordeaux.

DARRICAU (A.).

A Bordeaux, chemin Ausone, 30.

Source de rêve :
    4 tableaux (vieux temps).
    4 tableaux (vieilles gens).
    Quelques études.

GEORGES (Jean).

A Bordeaux, rue Dauzats, 40.

1. — Souvenir.
2. — Étude.
3. — L'homme au chapeau.
4. — Soir d'un beau jour, à Bordeaux.
5. — Mauvais temps.

DELPECH (H.), *né à Bordeaux*.

A Bordeaux, avenue Jeanne-d'Arc, 95.

1. — Dormeuse.
2. — Femme se chauffant.
3. — Plage d'Arcachon.
4. — Le ponton des gondoles (quais de Bordeaux).
5. — Marine (quais de Bordeaux).
6. — Intérieur (coin d'atelier).
7. — Intérieur (coin d'atelier).
8. — Morutiers en Garonne.
9. — Le bassin d'Arcachon (mauvais temps).
10. — Étude de femme.
11. — Paysage; aquarelle.
12. — Paysage.
13. — Profil d'enfant; aquarelle.
14. — Fleurs; aquarelles.
15. — Marine (quais de Bordeaux).

HILDEBRAND (Hermann-B.), *né à Strasbourg*.

A Bordeaux, rue Ducau, 14.

1. — Fleurs ; aquarelle.
2. — Cinq impressions ; aquarelle.
3. — Rayons de soleil ; aquarelle.
4. — Arcachon, le soir ; peinture.
5. — Impressions d'hiver ; aquarelle.
6. — Jardin-Public, le matin ; peinture.
7. — Côte de Cenon ; aquarelle.
8. — Bordeaux, le soir ; aquarelle.
9. — Les moutons ; aquarelle.
10. — Le Jardin-Public, le matin ; peinture.

HUBERT-GAUTIER (Jean).

A Bordeaux, rue Lafaurie-de-Monbadon, 21.

1. — Prière.
2. — Un pont dans les Pyrénées (Bidarray).
3. — Petite boutique au Pas-de-Roland.
4. — Crépuscule (environs de St-Jean-Pied-de-Port).
5. — Chapelle de marins (St-Samson, Finistère).
6. — Impression (le soir, côte du Finistère).
7. — Crépuscule breton (Plougasnou, Finistère).
8. — Une rue de village en Périgord (Beaupouyet).
9. — Études (pays basque).
10. — Étude.
11. — Étude.
12. — Étude.

LACOSTE (J.-E.).

A Bordeaux, rue Furtado, 5.

1. — Études; paysages.
2. — Étude (cathédrale d'Auch, fonts baptismaux).
3. — Cimetière de Vianne.
4. — La Garonne à Port-Sainte-Marie.
5. — Cathédrale d'Auch (chœur des chanoines).
6. — Étude; paysage.

LARÉE (G.).

A Bordeaux, rue Lecocq, 71.

1. — Les images.
2. — Étude d'enfant pour un panneau décoratif.
3. — Ruine d'une maison (Pompéi).
4. — La casa nuova (Pompéi).

MANCIET, *élève de MM. Jules Lefebvre et Robert-Fleury*.

A Bordeaux, cours de l'Intendance, 30.

1. — Tente de nomades.
2. — Rue arabe.
3. — Caravaniers surpris par la tourmente de sable; esquisse.
4. — Étude.
5. — Étude.
6. — Intérieur arabe.

QUINSAC (Paul)

A Bordeaux, place de la Comédie, 3.

1. — Diplôme de l'Exposition maritime internationale de Bordeaux.
2. — Portrait de Mme G. T.
3. — Portrait de Mlle G. T.
4. — Hérodiade.
5. — Étude : Cour de marchand d'huile au Caire.
6. — Porte de Mosquée au Caire.

ROCCA (Alfred de la), *élève d'Auguin et Maxime Lalanne.*

A Bordeaux, rue Naujac, 5o.

1. — Matinée de janvier, sous les oliviers, environs d'Ajaccio (Corse).
2. — Le soir, à Vallière.
3. — Rives de la Glane, en octobre (Haute-Vienne).
4. — Bords de la Gironde au Rigalet.
5. — Matinée d'août, port de Bordeaux, en 1907.
6. — Effet de lune en Médoc.
7. — La Mosellotte, à Celles (Vosges).
8. — Rives de la Gironde à la Reuille.
9. — Étude des monts d'Ota (Corse).
10. — Village de Didonne.
11. — Port de Bordeaux, journée d'été.
12. — Port de Bordeaux, temps gris.
13. — Route de Villandrant; étude.
14. — Soir d'orage à la Reuillé (Gironde).
15. — Dans le port, en juillet.

16. — Quai aux gabares, à Bordeaux.
17. — Quai aux gabares, à Bordeaux.
18. — Étude grise, port de Bordeaux.
19. — Le Ciron.
20. — Étang de Saint-Paul.
21. — Étude du port.
22. — Étude du port, en juillet.
23. — Plage de Saint-Georges.
24. — Village de Tartas (Landes).
25. — Étude de Corse.
26. — Étude de Corse.

VETTINER (Jean-Baptiste).

A Bordeaux, rue Grangeneuve, 40.

1. — Vue de Bordeaux depuis les docks ; eau-forte
    originale.   55
2. — Soir sur les quais ; eau-forte originale.   5o
3. — Rue Vital-Carles ; eau-forte originale.   45
4. — Croquis à l'eau-forte.   35
5. — Croquis à l'eau-forte.   35
6. — Croquis à l'eau-forte.   35

Section de Sculpture

LEROUX (Veunevot-Gaston).

A Bordeaux, rue de la Concorde, 9.

1. — M. Habasque; buste bronze.
2. — M. Peyrelongue; buste bronze.
3. — Mlle Zaza; buste terre cuite.
4. — M. A. C...; buste terre cuite.
5. — Feu M. Bardinet; terre cuite.
6. — Buste d'Auguin.

MORA.

A Bordeaux, rue Croix-de-Seguey, 28.

1. — Têtes décoratives : L'eau; Le feu.
2. — Groupe : Deux âges; Ébauche d'atelier.
3. — Esquisse.

Section d'Architecture

ADOUE (Jean-Gaston), *architecte de l'École des Beaux-Arts de Paris*.

A Bordeaux, boulevard Antoine-Gautier, 213.

1. — Villa de M. B..., route de Vallières, à Royan ; plans, façades, coupes, etc., etc.
2. — Hôtels particuliers, boulevard Antoine-Gautier, à Bordeaux ; plans et façades.
3. — Projet d'hôtel-de-ville, pour la ville de T... ; plans, façades, coupes.
4. — Concours pour un monument aux soldats morts en 1870-1871.
   Croquis, aquarelles, esquisses.

PRÉVOT (J.-Abel), *élève de M. Paulin, diplômé par le gouvernement*.

A Bordeaux, rue du Jardin-Public, 12.

1. — Concours pour un hôpital de 412 lits, à la Tronche (Isère) ; plans, détails et façades.
2. — Projet d'une salle transformable en salle d'exposition de beaux-arts, une salle de bal, une salle de concerts ; plans, façade, coupe et perspective.

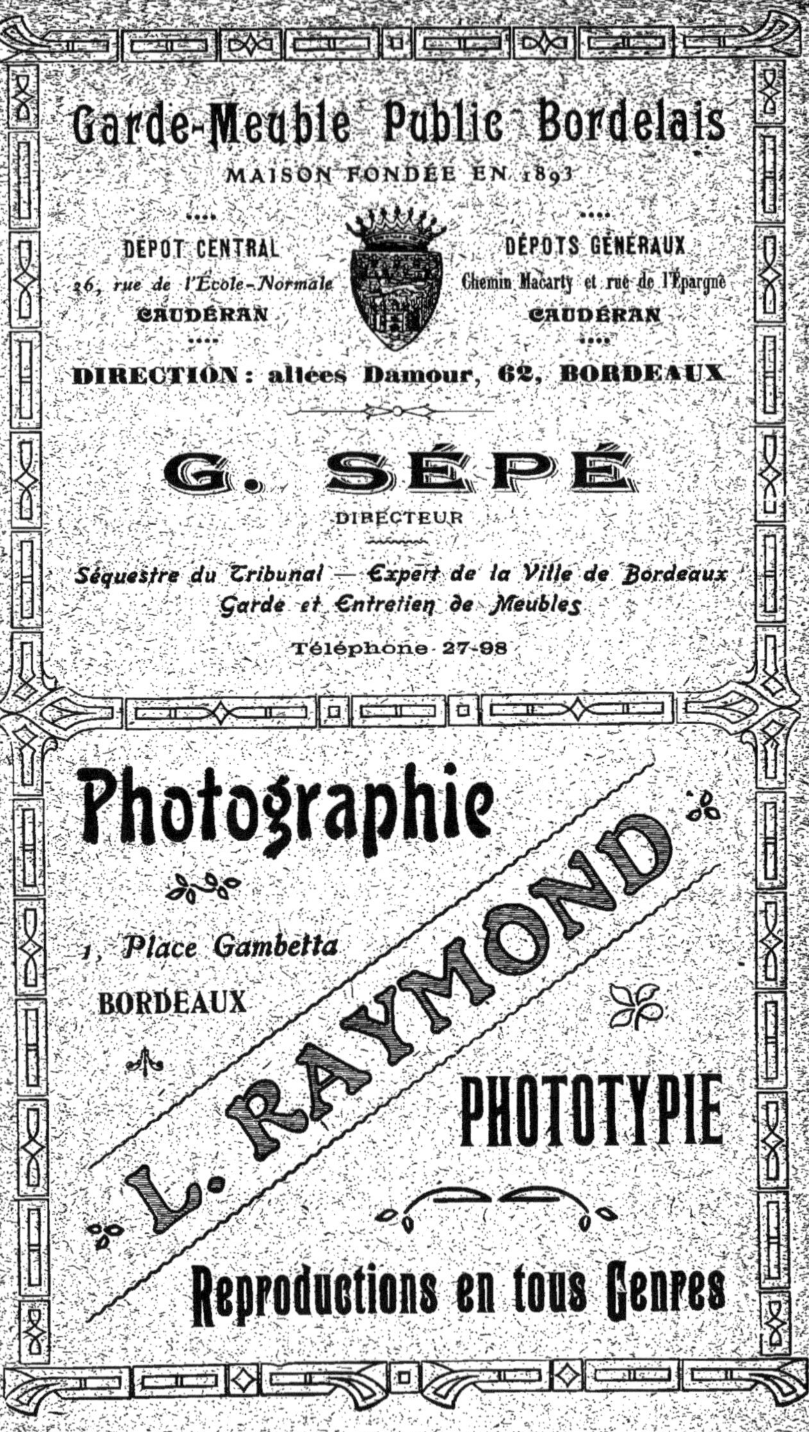

Garde-Meuble Public Bordelais
MAISON FONDÉE EN 1893
DÉPOT CENTRAL
26, rue de l'École-Normale
CAUDÉRAN
DÉPOTS GÉNÉRAUX
Chemin Macarty et rue de l'Épargne
CAUDÉRAN
DIRECTION : allées Damour, 62, BORDEAUX
G. SÉPÉ
DIRECTEUR
Séquestre du Tribunal — Expert de la Ville de Bordeaux
Garde et Entretien de Meubles
Téléphone 27-98
Photographie
1, Place Gambetta
BORDEAUX
L. RAYMOND
PHOTOTYPIE
Reproductions en tous Genres

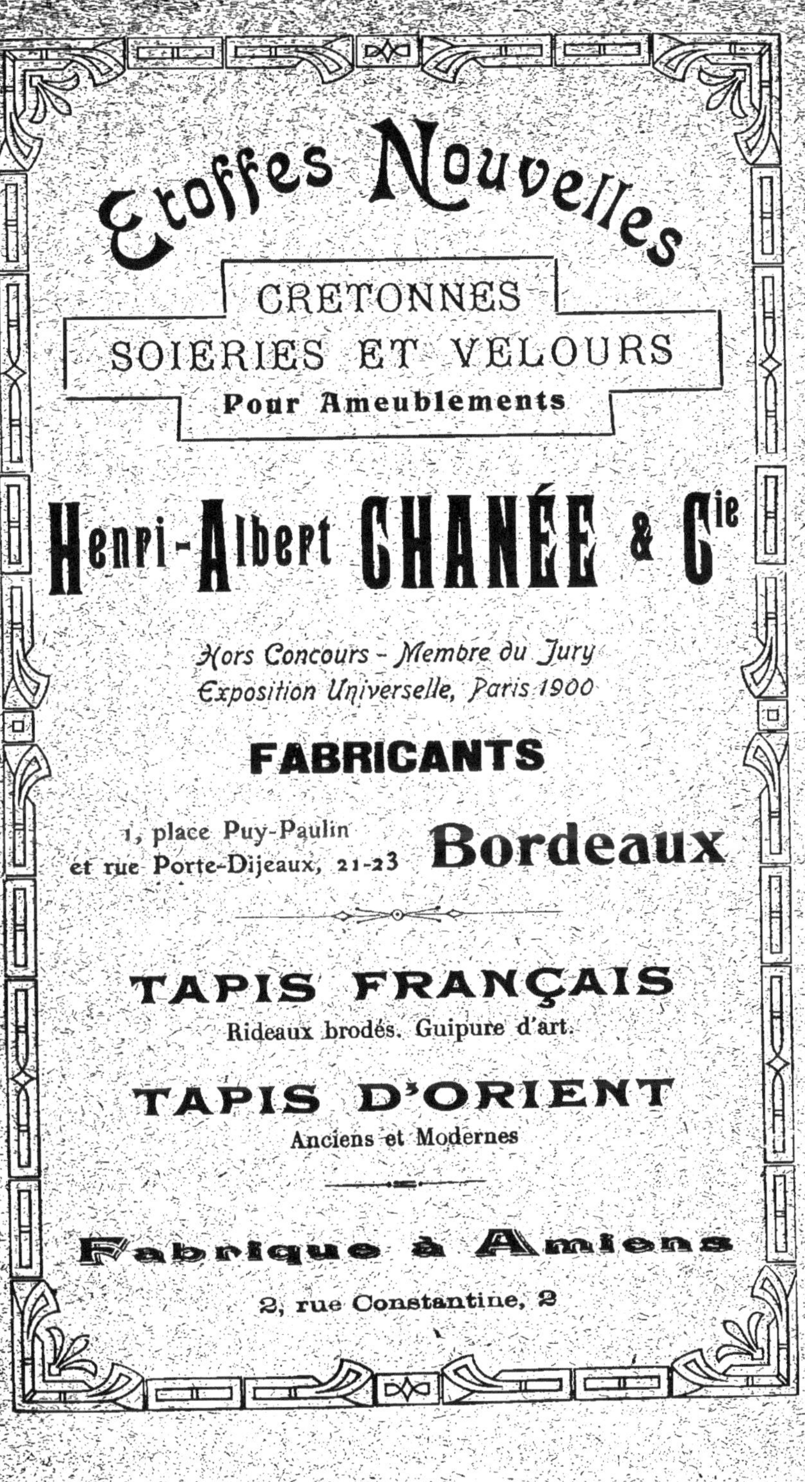

Étoffes Nouvelles
CRETONNES
SOIERIES ET VELOURS
Pour Ameublements
Henri-Albert CHANÉE & Cie
Hors Concours - Membre du Jury
Exposition Universelle, Paris 1900
FABRICANTS
1, place Puy-Paulin
et rue Porte-Dijeaux, 21-23   Bordeaux
TAPIS FRANÇAIS
Rideaux brodés. Guipure d'art.
TAPIS D'ORIENT
Anciens et Modernes
Fabrique à Amiens
2, rue Constantine, 2

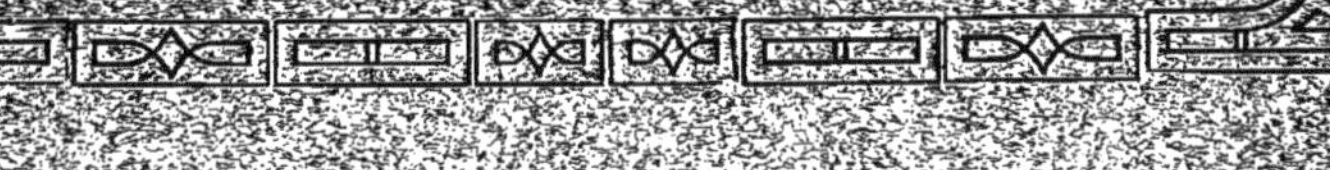

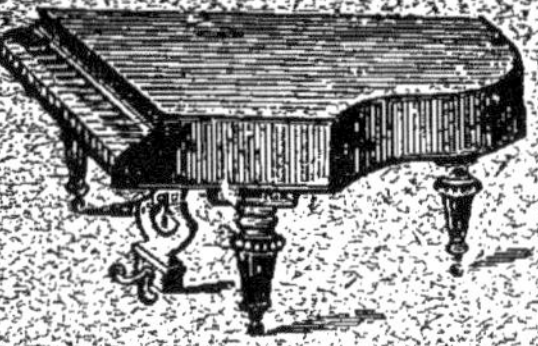

Albert BERMOND

9, rue Sainte-Catherine, 9
et 1, rue Saige, 1

BORDEAUX

MEUBLES D'ART

J. Costadoat

Rue Vital-Carles, 8

BORDEAUX

Ameublements sur Commande

très soignés

et de parfaite exécution sur modèles des époques

DEVIS, DESSINS, ETC.

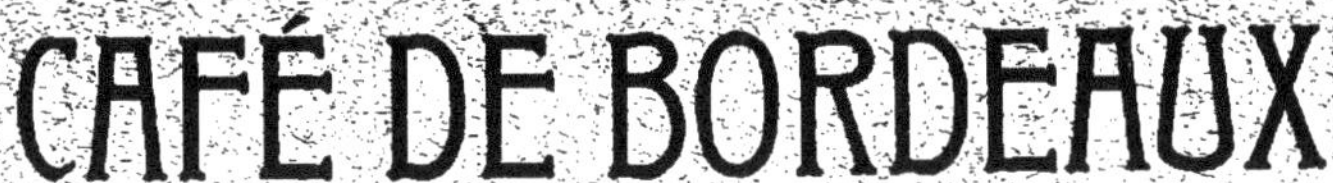

CAFÉ DE BORDEAUX

Le Banquet d'Inauguration
Et la Soirée Artistique

accompagnée d'un Punch offert à MM. les Présidents d'Honneur et aux Bienfaiteurs par l'Atelier, ont eu lieu le 11 mai, dans les superbes Salons du premier étage du **Café de Bordeaux.**

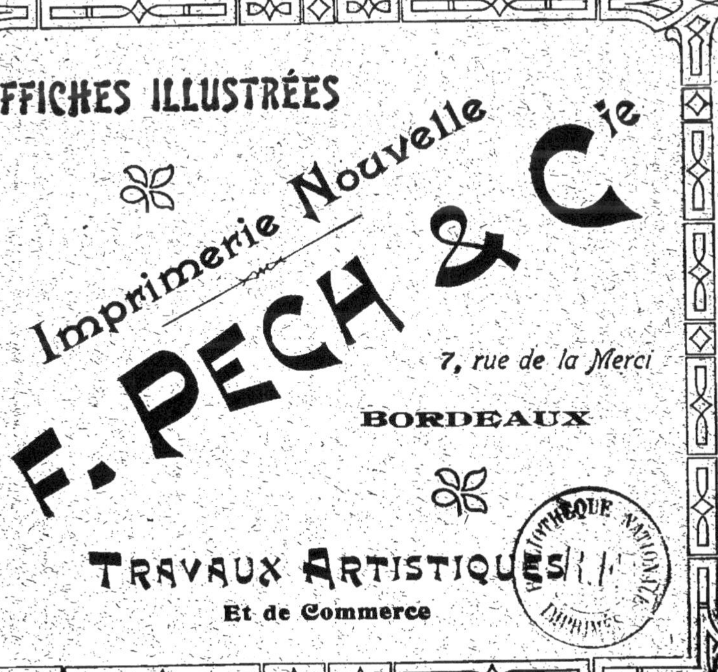

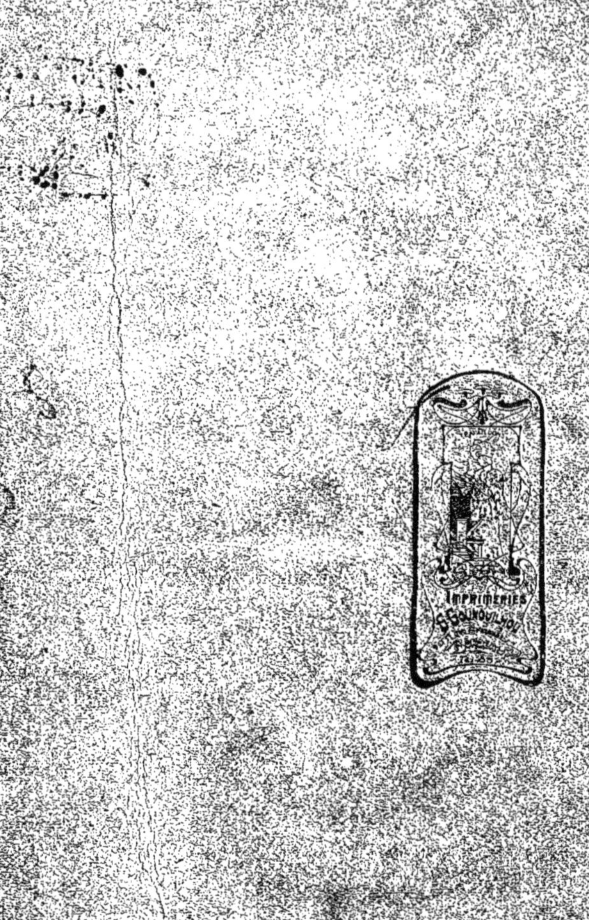

9 782329 072999